Einsterns Schwester

leicht gemacht

3

Projektheft

Wale

Herausgegeben von
Roland Bauer, Jutta Maurach

Erarbeitet von
Annette Schumpp

Cornelsen

Inhaltsverzeichnis

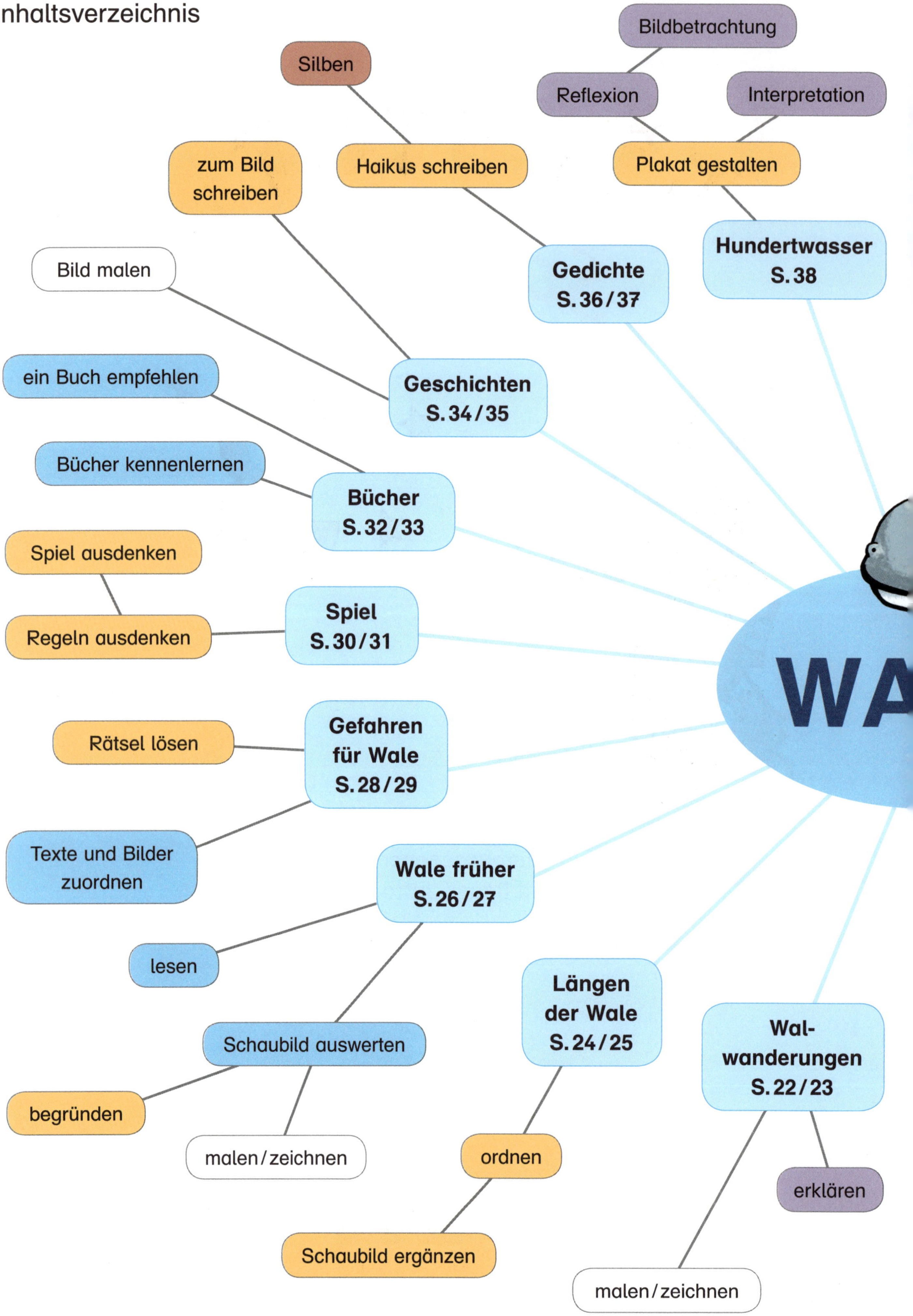

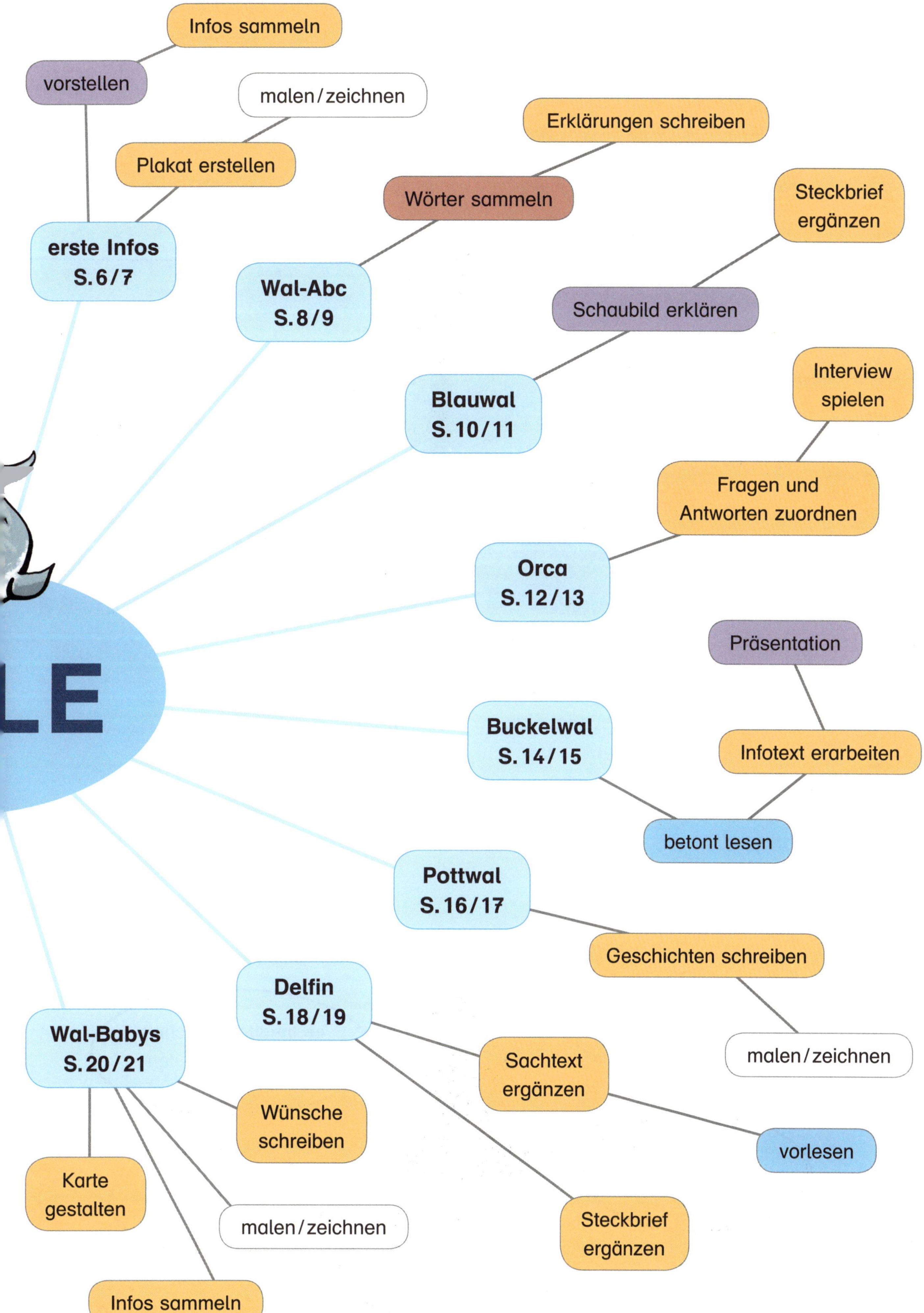
LE
erste Infos S. 6/7
vorstellen
Infos sammeln
Plakat erstellen
malen/zeichnen
Wal-Abc S. 8/9
Wörter sammeln
Erklärungen schreiben
Blauwal S. 10/11
Schaubild erklären
Steckbrief ergänzen
Orca S. 12/13
Fragen und Antworten zuordnen
Interview spielen
Buckelwal S. 14/15
betont lesen
Infotext erarbeiten
Präsentation
Pottwal S. 16/17
Geschichten schreiben
malen/zeichnen
Delfin S. 18/19
Sachtext ergänzen
vorlesen
Steckbrief ergänzen
Wal-Babys S. 20/21
Wünsche schreiben
malen/zeichnen
Infos sammeln
Karte gestalten

Ein Projektheft über Wale – warum?

Von diesem Wal könnt ihr nur noch
seine mächtige Schwanzflosse bestaunen.
Er taucht in eine geheimnisvolle Welt ab – das Meer.
Mit diesem Heft könnt ihr etwas von
den Geheimnissen der Wale entdecken.
Ihr werdet merken, warum Forscher von Walen
begeistert sind.

Für eure Arbeit wünschen wir euch
viel Freude, Neugier, Ideen und Ausdauer.

Und so geht es:

Zu jeder Doppelseite könnt ihr immer auch:

- einen Text abschreiben,
- Bilder malen und beschriften,
- eigene Geschichten erzählen oder schreiben,
- forschen,
- kleine Vorträge vorbereiten und halten,
- ein Plakat gestalten,
- und ganz wichtig: eigene Ideen einbringen.

Und so könnt ihr eure Arbeiten sammeln und präsentieren:

Erste Informationen über Wale sammeln

1 Lies den Text über die Wale.

Wale sind an das Leben im Wasser sehr gut angepasst.
Sie sind aber keine Fische, sondern Säugetiere.
Wale haben aber kein Fell wie andere Säugetiere.
Sie haben den Blubber. Das ist eine sehr dicke Fettschicht.
So frieren sie im Wasser nicht.
Als Säugetiere atmen die Wale Luft.
Sie müssen zum Atmen auftauchen.
Beim Ausatmen spritzen sie Wasser aus den Blaslöchern:
Das ist der Blas. Zum Schwimmen schlagen die Wale
mit der Schwanzflosse auf und ab.
Die Schwanzflosse nennt man Fluke.
Wale steuern mit den Brustflossen. Sie heißen Flipper.
Zahnwale haben spitze Zähne im Kiefer.
Sie fangen Fische, Robben und Pinguine.
Bartenwale haben keine Zähne, sondern Barten.
Sie filtern kleine Krebse aus dem Wasser.

So fühlt sich die Haut eines Wals an:
Stellt einen Gummistiefel in einen Behälter mit Wasser. Tastet mit geschlossenen Augen am Stiefel entlang und denkt dabei an einen Wal.

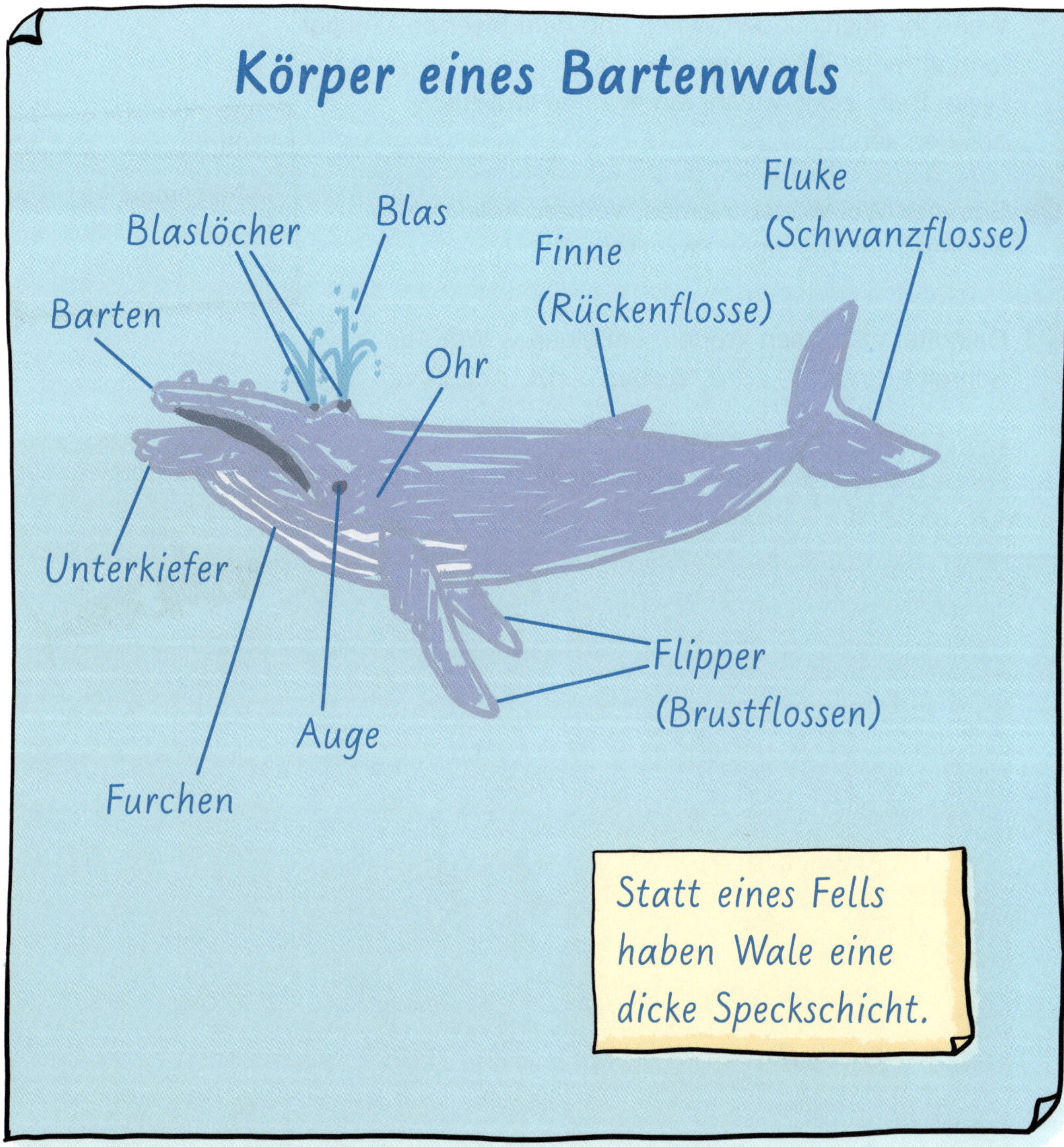

2 Gestaltet auch so ein Plakat über Wale.

a) Malt einen Wal in die Mitte und beschriftet ihn.

b) Findet in Texten wichtige Informationen.
Schreibt sie um den Wal.

3 Stellt eure Plakate in der Klasse vor.

Ein Wal-Abc anlegen

Wenn ihr euch mit den Walen und dem Meer beschäftigt, lernt ihr neue Wörter kennen.
Diese Seite zeigt, wie ihr ein eigenes Wal-Abc anlegen könnt.

1. Sammelt Wal-Wörter (Nomen, Verben, Adjektive) während der gesamten Projektarbeit.

2. Gestaltet mit diesen Wörtern ein eigenes Wal-Abc.
Schreibt **Nomen – blau**, **Verben – rot**, **Adjektive – grün**.

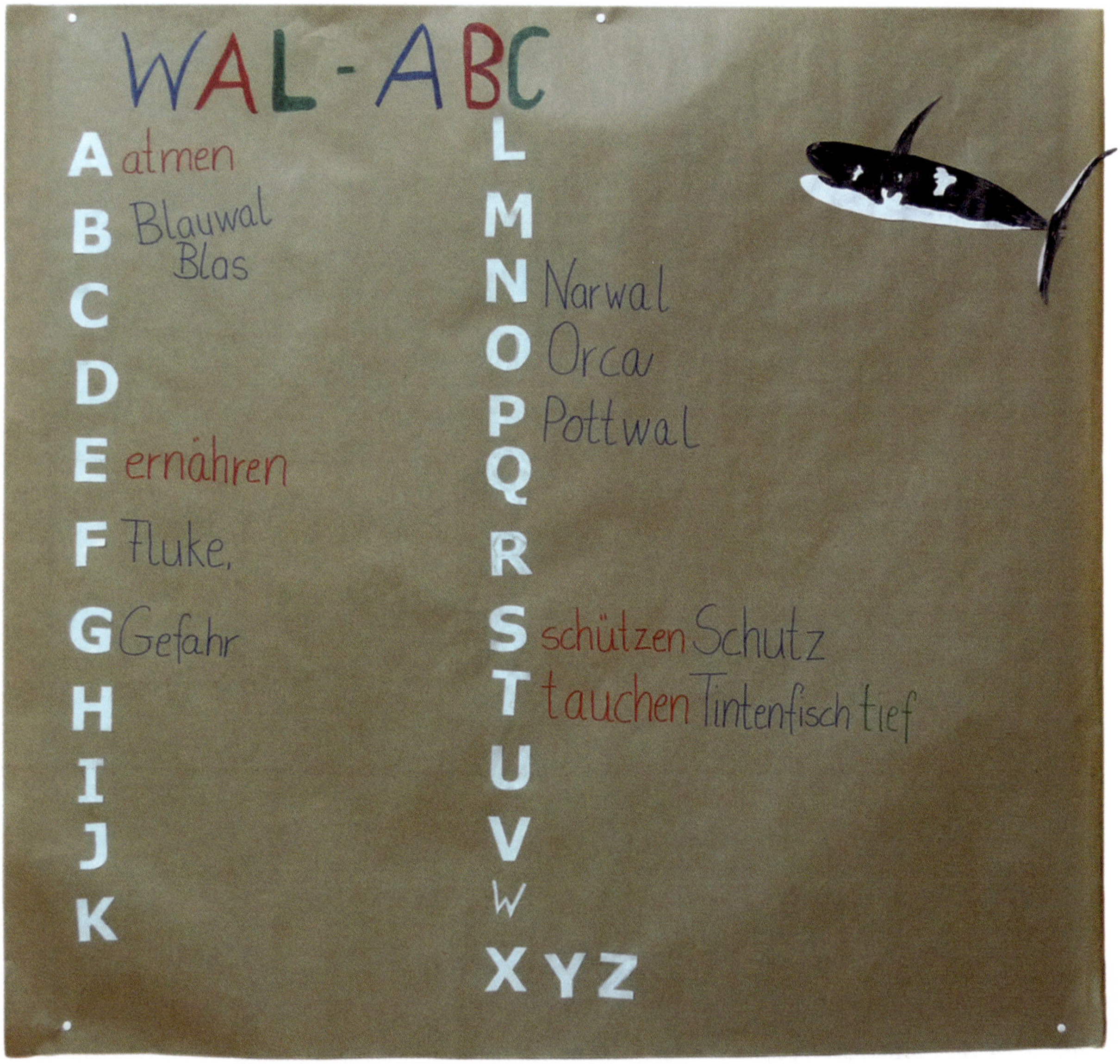

3. Klärt Wörter, die ihr nicht kennt.

4 Sammle in diesem Abc Wal-Wörter, die du besonders magst.

Wal-Abc

A		M	
B	Bartenwal	N	
C		O	
D		P	
E		Qu	
F	fressen	R	
G		S	
H		T	tief
I		U	
J		V	
K		W	
L		XYZ	

5 Vergleiche dein Wal-Abc mit den Ergebnissen anderer Kinder.

Den Blauwal kennenlernen

1 Lies den Text.

Der Blauwal

Der Blauwal ist das größte lebende Tier der Erde.
Er ist riesig! Er wird 25 bis 30 Meter lang.
An Land könnte er nicht leben.
Seine Organe würden erdrückt werden.

Stell dir vor: Das Herz eines Blauwals ist so groß
wie ein kleines Auto.
Seine Zunge ist so groß wie zwei Pferde.
Sie wiegt so viel wie ein Elefant.
Du denkst vielleicht:
Bestimmt frisst der Blauwal auch riesige Tiere.
Das stimmt aber nicht. Er frisst nur kleine Tierchen
wie Krill, Krebse und Plankton.
Davon frisst er im Sommer sehr große Mengen.
Im Winter frisst er viel weniger.

Blauwale leben in allen Ozeanen.
Sie leben weit draußen im offenen Meer.
Sie schwimmen viele Tausend Kilometer im Jahr.

Zeichnet den Umriss eines Blauwals in seiner vollen Größe mit Kreide auf euren Schulhof. Oder legt ihn mit einer Schnur oder Stöcken auf einer Wiese. Legt euch in den Umriss und macht ein Foto.

2 Ergänze den Steckbrief. Der Text auf Seite 10 hilft dir.

Der Blauwal

Länge: ______________________

Nahrung: ______________________

Dort lebt er: ______________________

Besonderheiten: ______________________

____

____

3 Sieh dir das Bild an. Besprich es mit einem Partnerkind.

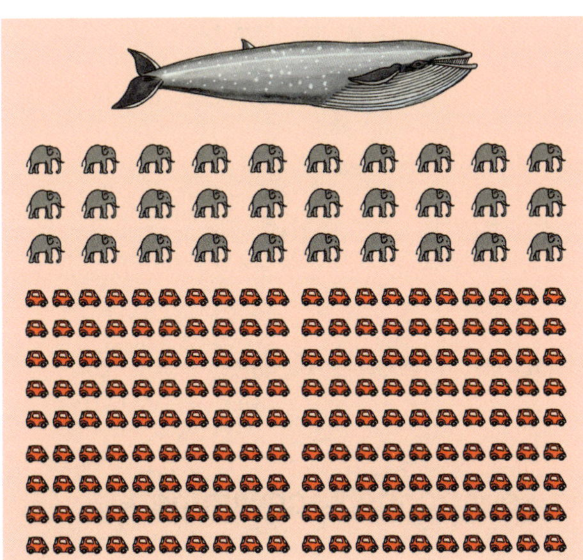

4 Ergänze den Satz zu 3.

Ein Blauwal wiegt so viel wie ________ Elefanten und wie ________ Autos.

1 Lies den Text.

Regine Frerichs
hilft den Walen

Regine Frerichs ist Forscherin und liebt das Meer.
Sie arbeitet bei Greenpeace (sprich: Grienpies)
für den Schutz der Wale.
Wale sollen nicht gefangen und getötet werden!

Das ist ein Orca.
Er gehört zur Familie der Delfine.
Frau Frerichs erforschte die Orcas.
Sie tauchte sogar mit ihnen im Meer
und kam ihnen sehr nahe.
Das ist nicht ungefährlich.

Orcas haben einen weißen Bauch und eine weiße Kehle,
sonst sind sie schwarz gefärbt.
Sie können 15 Minuten tauchen und sehr schnell schwimmen.
Orcas ernähren sich nicht nur von Fischen, sondern auch
von Pinguinen, Robben und sogar anderen kleinen Walen.
Man nennt sie auch Schwertwale.

2 Lies die Fragen und Antworten.
So passen sie noch nicht!

1 Was finden Sie toll an den Orcas?

2 Wie sehen Orcas aus?

3 Mit wem sind Orcas verwandt?

4 Wie lange können Orcas tauchen?

5 Wie schnell werden Orcas?

6 Was fressen Orcas?

7 Wo haben Sie Orcas erforscht?

8 Warum schreiben Sie über Orcas?

9 Haben Orcas noch andere Namen?

	Sie tauchen bis zu 15 Minuten.
	Sie heißen auch Schwertwale.
	Sie fressen Fische, Pinguine und manchmal sogar andere Wale.
1	Ich finde es toll, dass sie so schnell schwimmen.
	Ich bin begeistert von ihnen.
	Sie sind schwarz und weiß.
	Auf den Lofoten, das sind Inseln im Nordmeer.
	Sie gehören zu den Delfinen.
	Sie können 55 Kilometer pro Stunde schwimmen.

3 Finde zu den Fragen die passenden Antworten.
Nummeriere sie gleich.

4 Spielt mit den Fragen und Antworten
ein Interview.

1 Lies das Gedicht mit einem Partnerkind.
Achtet auf die Farben. Wechselt euch mal ab.

Walgeschichte

Es war einmal ein Wal.
Ausgerechnet ein Wal?
Ja. Auch ein Löwe war einmal, gewiss,
ein Fuchs, ein Esel, ein Wolf, sogar
mehrere Wölfe, ein ganzes Rudel.
Fast alles war einmal.
Oder auch mehrmals!
Ja. Aber einmal, da war es eben ein
Wal, ein Buckelwal, ein alter Buckelwal.
Ein einziger?
Einer, ja. Es gab auch andere, aber
dieses eine Mal, da war es einer.
Und was ist mit ihm?
Er sang.
Das hab ich mir gedacht: Er sang!
Ja, das tat er. Er schwamm im Meer und
sang.
Und?
Und schwamm und schwamm und
sang. Das war's. – Und wie er sang!
Wie denn?
Lang und schön.
Du hast ihn gehört?
Nur die Geschichte. Es sei einmal ein
alter Buckelwal gewesen, habe ich
gehört, der schwamm und sang. Und
sein Gesang sei so –
Was?
Lang und schön gewesen.

Jürg Schubiger

2 Lies die Infos.
Kreise immer den 🐋 ein,
wenn du den Abschnitt verstanden hast.

Der Gesang der Wale

- Alle Bartenwale singen mit tiefen Tönen.
So verständigen sie sich miteinander.

- Besonders berühmt ist der Gesang der Buckelwale.

- Sie singen aber nur dort,
wo sie sich paaren und Junge haben.

- Man kann den Gesang unter Wasser
Hunderte von Kilometer hören.

- Die Wale einer Gegend singen alle ganz ähnlich.
So verstehen sie sich.

- Die Gesänge der Buckelwale sind wie Lieder.
Sie haben eine Melodie.

3 Bereitet aus dem Gedicht **Walgeschichte** von Seite 14
und dem Text zu 2 eine kurze Präsentation vor.

Im Internet könnt ihr euch
den Gesang des Buckelwals anhören.
Gebt auf http://www.youtube.de
Der Gesang der Buckelwale ein.
Lesetipp:
Buckelwale – Artisten der Ozeane,
in: GEOmini 10/2014

Geschichten über Pottwale schreiben

1 Lies den Text.

Pottwale

Pottwale sind die größten Zahnwale.
Die männlichen Tiere werden 18 Meter lang
und wiegen fast 50 Tonnen.
Die weiblichen Tiere werden 12 Meter lang
und wiegen 20 Tonnen.

Pottwale sind perfekte Taucher. Sie können sehr tief tauchen,
manche sogar bis 3000 Meter tief.
Ein bis zwei Stunden können sie unter Wasser bleiben.
Tief unten im Meer ist es absolut dunkel.
Trotzdem finden Pottwale ihre Beute.
Im Magen von Pottwalen wurden Reste von großen Tintenfischen
und riesigen Kraken gefunden.

2 Unterstreiche in 1 wichtige Infos.

3 Male ein Bild mit einem Pottwal im Meer.

a) Nimm ein großes Papier.

b) Zeichne mit einem wasserfesten schwarzen Filzstift den Pottwal, Fische und Kraken.

c) Male die Zeichnung mit Wasserfarben an. Färbe den Hintergrund dunkel ein.

4 Schreibe eine kleine Geschichte über einen Pottwal.
Markiere Wörter, die du verwenden willst.

groß	tief	hungrig	die Nahrung
aufregend	dunkel	das Licht	der Krake
riesig	der Tintenfisch	packen	fressen
auftauchen	zurück	das Baby	die Mutter

Informationen über Delfine zuordnen

1 Schreibe die Infos an die richtige Stelle im Steckbrief.

bis zu 37 Jahre | Menschen, große Haie | 135 Kilogramm

fast alle Meere | grau | ~~Delfin~~ | eineinhalb bis vier Meter lang

jagen schnell und gut | Fische, Krebse und Kraken

Steckbrief

Name: Delfin

Lebensraum:

Farbe:

Gewicht:

Größe:

So alt kann er werden:

Nahrung:

Feinde:

Jagd:

Über die schlauen „Delfine – Die Überflieger der Weltmeere" schreibt Nicole Röndigs in: Geolino 9/2014.

2 Ergänze die Lücken im Text.
Der Steckbrief auf Seite 18 hilft dir dabei.

Der Delfin

Der Delfin ist ein Säugetier.

Er lebt in fast allen ______________.

Seine Haut ist ______________.

Er wiegt ______________ und wird ______________ lang.

Ein Delfin wird ______________ alt.

Am liebsten frisst er ______________, ______________ und ______________.

Seine Feinde sind vor allem ______________ und ______________.

Delfine jagen ______________ und ______________.

Dabei sind sie nie allein, sondern in einer Gruppe.

Delfine sind sehr gesellige Tiere und nicht gern allein.

3 Lest euch die fertigen Texte von **2** gegenseitig vor.

Wal-Babys Glück wünschen

❶ Lies den Text mehrfach.

Buckelwal-Frauen bekommen alle zwei oder drei Jahre ein Junges.
Die Schwangerschaft dauert ungefähr ein Jahr.
Das Junge wird mit dem Schwanz zuerst geboren,
anders als andere Säugetier-Kinder.
Das ist eine Anpassung an das Wasserleben.
So wird verhindert, dass das Baby Wasser einatmet.

Gleich nach der Geburt versucht das Junge,
die Wasseroberfläche zu erreichen.
Die Mutter hilft ihm dabei und schubst es vorsichtig nach oben,
damit es seinen ersten Atemzug tun kann.

Schon eine halbe Stunde nach der Geburt kann das Wal-Baby
gut schwimmen.
Ein Neugeborenes wiegt zwei Tonnen und ist fünf Meter lang.

Jeden Tag trinkt es bei seiner Mutter ungefähr 500 l* Milch.
Man kann verstehen, dass das Baby schnell wächst.
Walmilch ist nahrhaft und dickflüssig wie Sahne.
Das Baby muss die Milch nicht wie alle anderen Kinder
aus den Zitzen saugen, sie wird ihm von den Muskeln,
die rund um die Milchdrüsen liegen, ins Maul gespritzt.
Deshalb dauert das Säugen nur ein paar Sekunden.
In dieser kurzen Zeit trinkt der kleine Wal zwölf Liter Milch.

* l bedeutet Liter

Cynthia D'Vincent

2 Besprecht, was euch im Text von 1 wichtig erscheint.

3 Überlegt, was ein Wal-Baby braucht, um gesund und glücklich zu sein.

a) Zeichne dazu den Umriss eines kleinen Wals.

b) Schreibe in den Umriss, was er für sein Glück und seine Gesundheit braucht.

4 Schreibt eure Wünsche zur Geburt eines Wal-Babys in einem Brief oder einer Karte auf.

Einzeichnen, wie die Wale wandern

1. Zeichne mit den passenden Farben nach, wie die Wale wandern.

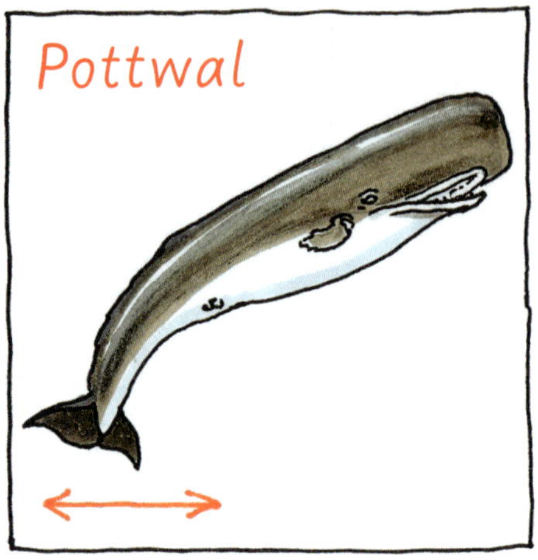

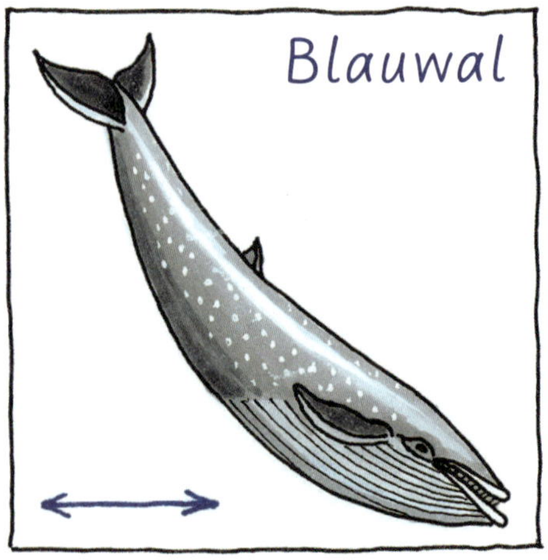

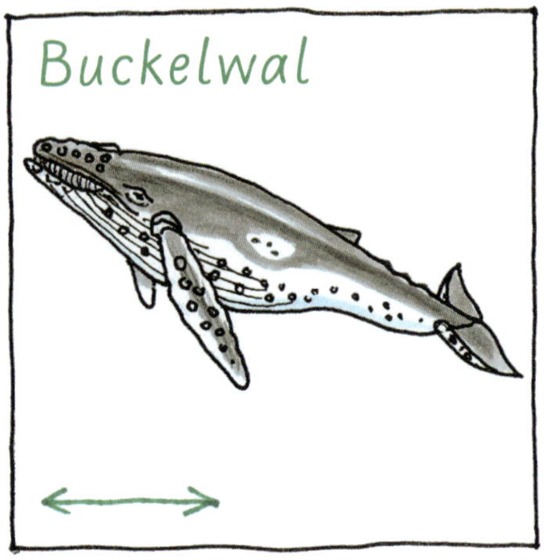

Auch in kleineren Meeren wie dem Mittelmeer leben Wale, zum Beispiel Delfine oder Pottwale.

2 Besprich deine Karte mit einem Partnerkind.

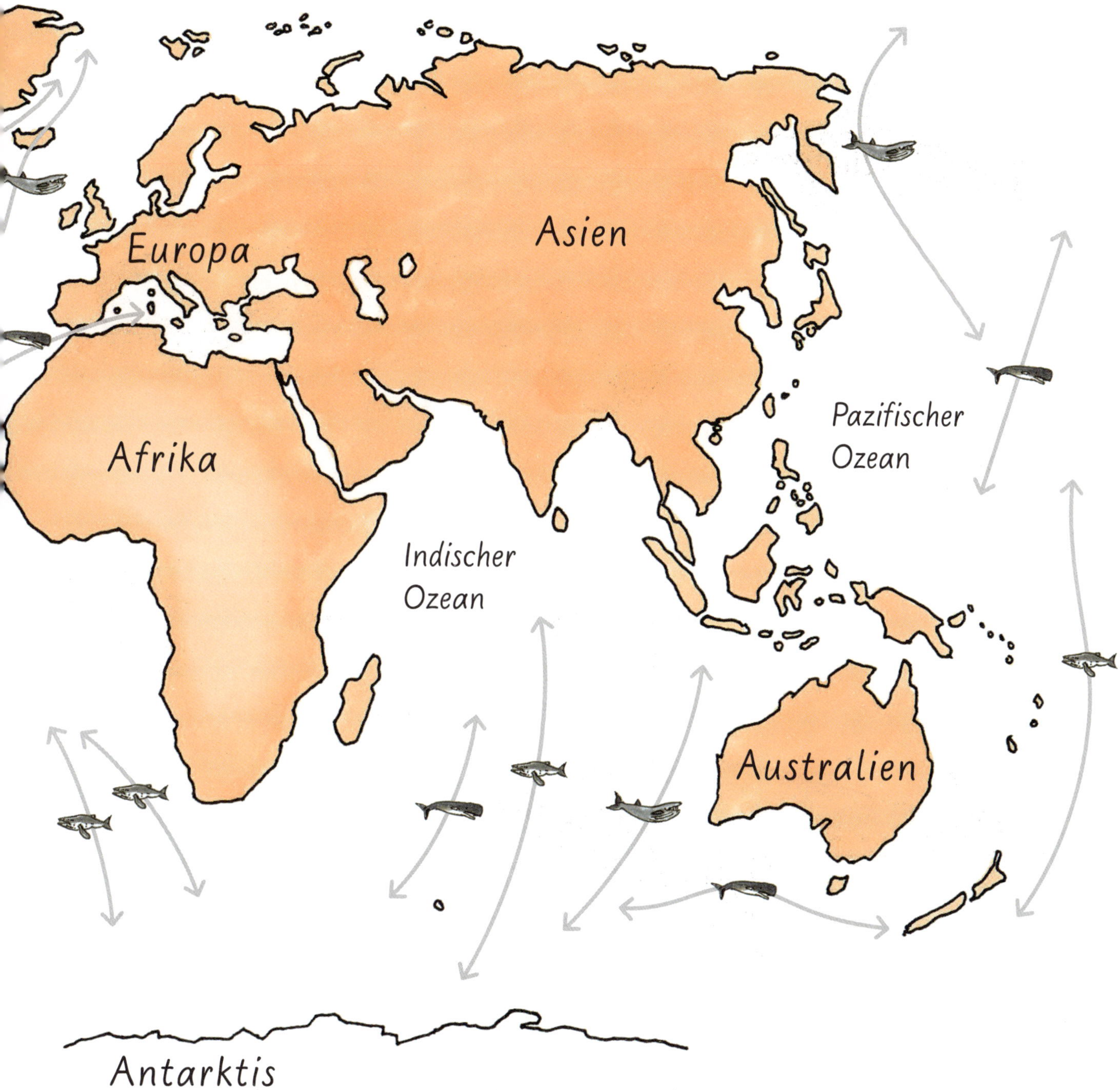

Zahnwale wandern nur wenig. Die meisten Bartenwale legen jedoch jedes Jahr große Entfernungen zurück. Wale aus den Nordmeeren ziehen im Winter nach Süden, Wale der südlichen Meere nach Norden.

Die Längen der Wale in einem Schaubild darstellen

Auch in den Meeren Europas fühlen sich große und kleine Wale zu Hause:
Zahnwale und **Bartenwale**.

1. Nummeriere die Wale nach ihrer Größe.

Orca (Atlantik, Arktis), 8 m

Narwal (Arktis), 5 m

Pottwal (Atlantik, Mittelmeer), 12 m

Delfin (Atlantik, Mittelmeer, Nordsee), 4 m

Finnwal (Atlantik, Mittelmeer), 20 m

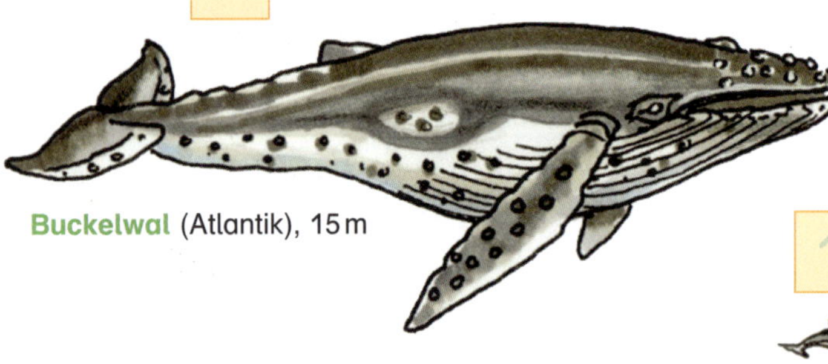

Buckelwal (Atlantik), 15 m

1

Schweinswal (Atlantik, Nordsee, Ostsee, Mittelmeer), 2 m

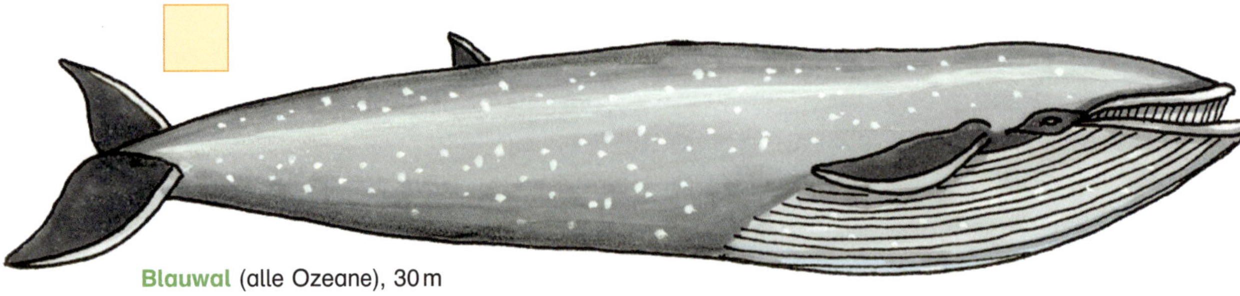

Blauwal (alle Ozeane), 30 m

2 Schreibe die Namen der Wale von Seite 24
nach der Größe geordnet an das Diagramm.

3 Zeichne die Längen der Wale passend ein.
Verwende zwei Farben für **Zahnwale** und **Bartenwale**.

Längen der Wale

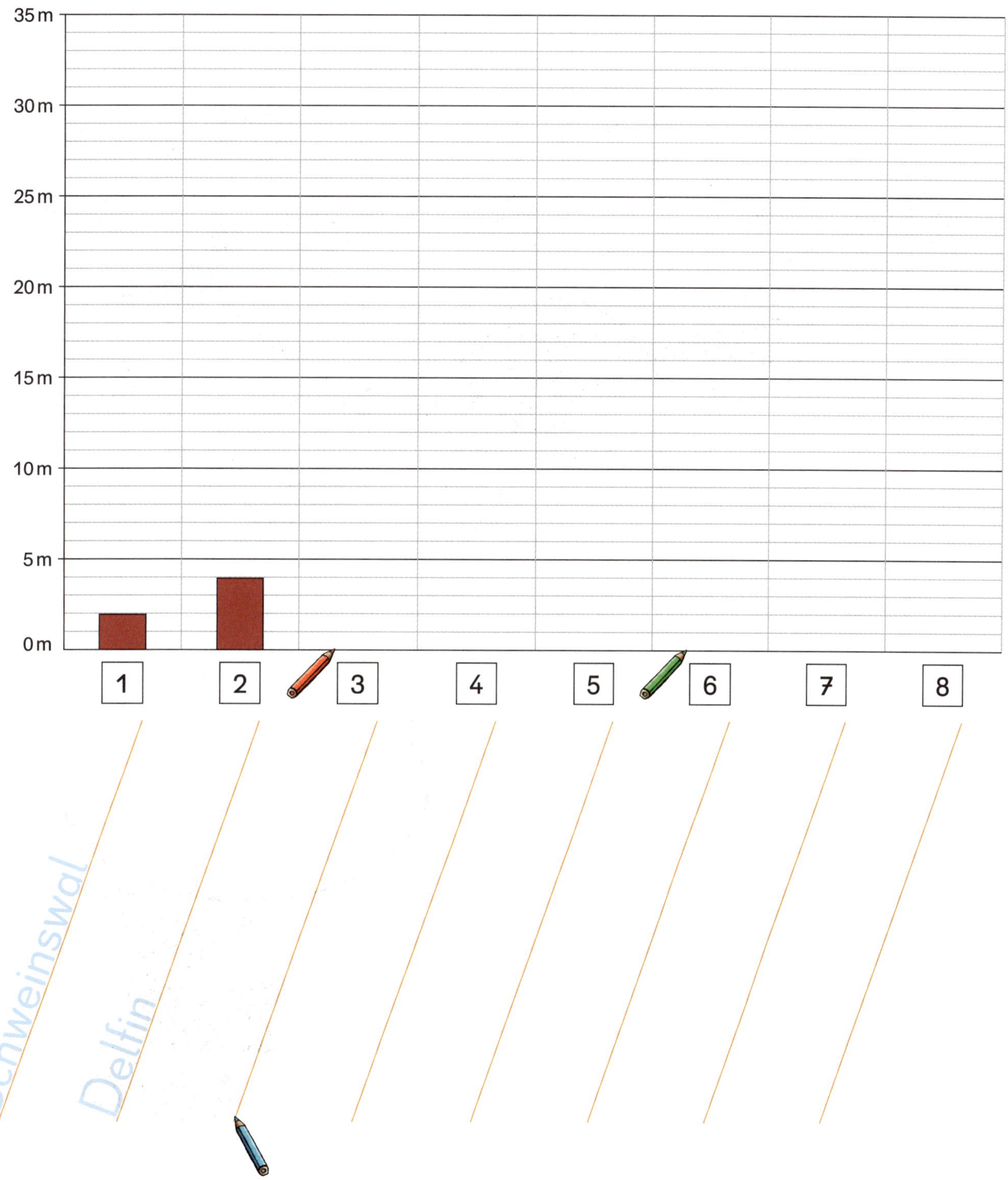

Informationen über Wale früher erhalten

1 Lies den Text. Sieh dir das Bild an.

Warum man früher so viele Wale tötete

Das Fleisch und das Fett der Wale waren früher wichtig für die Menschen.
Deswegen jagte und tötete man viele Wale.
In der Abbildung unten siehst du,
welche Produkte man aus einem Wal herstellen kann.
Heute muss wegen dieser Produkte kein Wal mehr sterben.
Man kann alles anders herstellen.

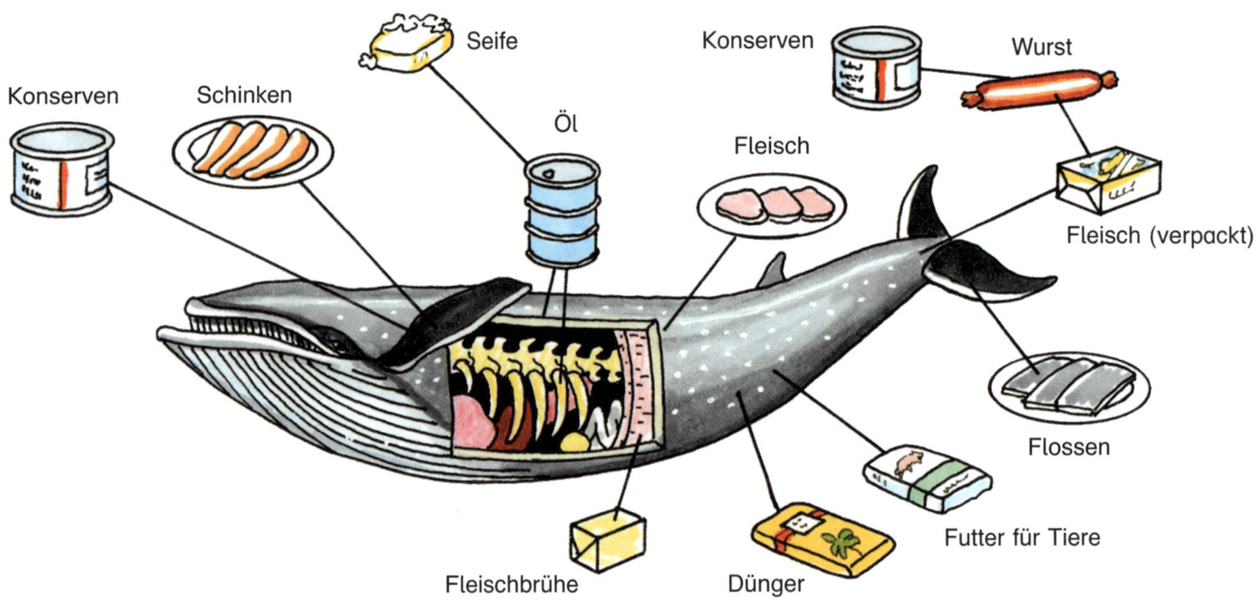

2 Sieh dir das Schaubild an.

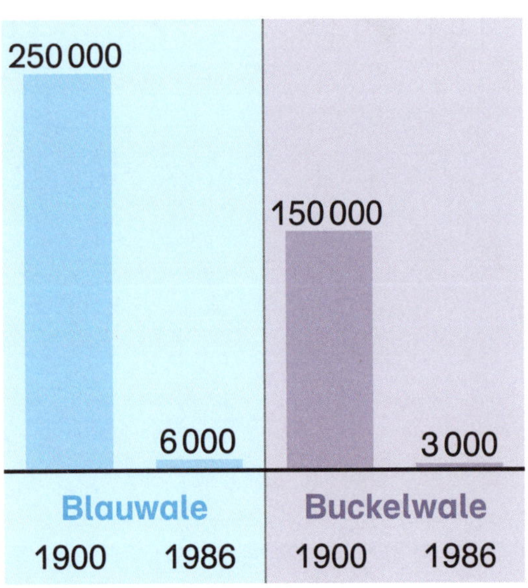

3 Kreuze an, ob die Sätze zu 1 stimmen oder nicht.

	stimmt	stimmt nicht
Wale durfte man früher nicht töten.		
Wale waren früher wichtig für die Menschen.		
Sie brauchten das Fleisch und das Fett der Wale.		
Deshalb tötete man früher viele Wale.		
Aus der Haut der Wale hat man Taschen gemacht.		
Aus dem Walöl wurde zum Beispiel Seife gemacht.		
Das Fleisch wurde oft in Konserven gefüllt.		

4 Male zwei Produkte, die man aus einem Wal früher herstellte.

5 Kreuze an, ob die Sätze zum Schaubild in 2 stimmen oder nicht.

	stimmt	stimmt nicht
Es gab mit der Zeit immer weniger Wale.		
Die Anzahl der Blauwale nahm zu.		
Im Jahr 1986 gab es nur noch 6000 Blauwale.		
Im Jahr 1986 gab es nur noch 3000 Buckelwale.		
Im Jahr 1900 gab es mehr Buckelwale als Blauwale.		

Gefahren für die Wale erkennen

1 Lies die Texte.

Durch den Klimawandel und die Erwärmung schmilzt das Eis an den Polen. Dann gibt es weniger Krill. Die Bartenwale haben weniger zu fressen.

Müll im Meer vergiftet die Wale und ihre Nahrung. Manche Wale verschlucken das Plastik. Dadurch können sie krank werden und sterben.

Maschinen und Schiffe machen großen Lärm. Das verwirrt die Tiere. Sie finden ihren Weg nicht mehr.

2 Unterstreiche in den Texten von 1 wichtige Wörter.

3 Verbinde jeden Text mit dem passenden Bild.

4 Was könnt ihr verändern? Schreibt Stichwörter dazu.

❶ Trage die Wörter passend in das Rätsel ein.

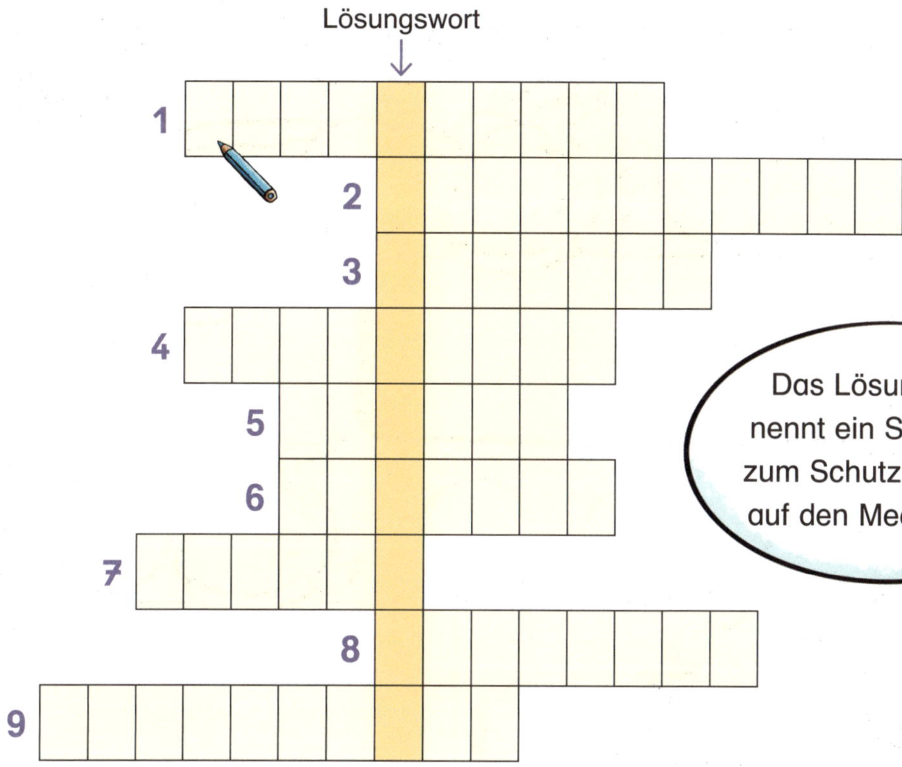

Pottwal ✶ Bartenwale ✶ Blauwal ✶ Schwertwal ✶ Zahnwale ✶ Delfin ✶ Buckelwal ✶ Schweinswal ✶ Narwal

1. Er heißt auch Orca.
2. Er lebt als einziger Wal in Deutschland in der Nord- und Ostsee.
3. Er frisst gern Kraken.
4. Er ist bekannt für seine Gesänge.
5. Er hat einen langen Stoßzahn.
6. Er wiegt ungefähr so viel wie 30 Elefanten.
7. Er hat schon Menschen gerettet.
8. Diese kleinen Wale haben spitze Zähne im Kiefer.
9. Diese großen Wale haben keine Zähne, sondern Barten.

Ein Spiel zum Thema Wale spielen

1 Lies den Spielplan.

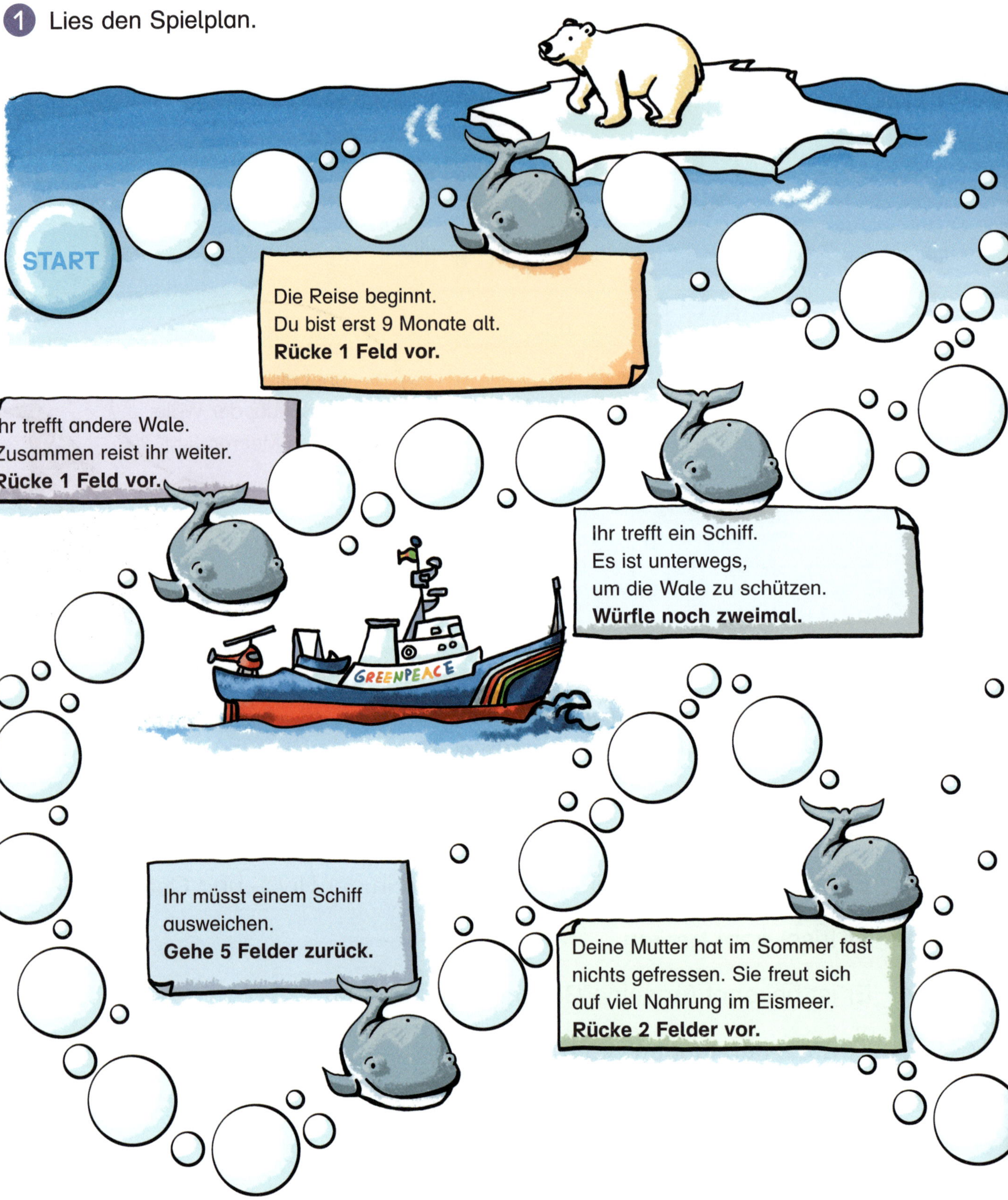

2 Probiert das Spiel aus.
Überlegt euch eigene Regeln.

3 Denkt euch selbst ein solches Spiel zum Thema **Wale** aus.

Hier sind Bücher zum Thema Wale.
Sie erzählen spannende Geschichten.
Ihr lernt auch vieles über Wale.

1 Lies die Texte zu den Büchern.

Am Strand findet Sam einen kleinen Wal.
Sam will ihm zurück ins Meer helfen.
Aber der Wal ist viel zu schwer.
Eine spannende Rettung beginnt.

Manuel ist zwölf Jahre alt.
Er lebt mit seiner Familie auf einer Insel.
Eines Tages gerät er auf dem Meer in Gefahr.
Delfine retten ihn.
Dann trifft er die Forscherin Petra.
Zusammen wollen sie die Wale schützen.

Diese Geschichten sind spannend.
Sie erzählen von Abenteuern
mit großen und kleinen Delfinen.
Auf der CD kannst du dir auch
einige der Geschichten anhören.

In diesem Buch erzählt die Maus
von Delfinen und anderen Walen.
Sie erzählt von deren Leben und dem Meer.
Es gibt viele Infos und Fotos.

2 Kreuze an, welche Bücher du gerne lesen würdest.

3 Suche dir ein Buch über Wale aus.
Fülle dazu die Felder aus.

Titel:

Autor oder Autorin:

Verlag:

Das kann man in dem Buch lesen:

Das gefällt mir an dem Buch:

Mein Bild zum Buch:

Geschichten schreiben und vorstellen

Delfine sind gesellige Tiere. Oft suchen sie sogar die Nähe der Menschen. Deswegen mögen die Menschen Delfine sehr gern.

1 Lies den Text mehrfach.

In einem riesigen Delfinarium namens Waterworld lebt ein großes Tümmlerweibchen. Unverkennbar ist sie der Star der fantastischen Show. Sie heißt Lizzy. Täglich besuchen tausende Zuschauer die faszinierende Vorstellung von Waterworld.

Doch auch wenn es noch so fabelhaft und eindrucksvoll aussieht, für die Delfine ist es einfach nur mühevolle Arbeit. Seit langen ein-einhalb Jahren lebt (und arbeitet) Lizzy hier.
Am Anfang war sie sehr ängstlich, denn als sie in ihrer Heimat, der schönen blauen Lagune, eingefangen wurde, war sie hilflos und konnte sich nicht wehren.

Jeden Tag, wenn die Vorstellung vorbei ist und die lauten tosenden Zuschauer nicht mehr sichtbar sind, kommt ein alles andere als ge-fühlvoller Delfinwärter und kippt einen Eimer voll stinkender, feuchter, glitschiger Fische in das Wasser.
Hungrig verschlingt Lizzy die matschigen Fische. Traurig wendet sie sich von ihrem ärmlichen Mittagessen ab, legt sich auf das spiegel-glatte Wasser und gleitet lautlos und still über die weite Oberfläche.

Krampfhaft versucht sie sich an die wundervolle blaue Lagune zu erinnern. Schreckliches Heimweh überkommt sie. Doch wer weiß, vielleicht darf sie irgendwann in unbestimmter Zeit wieder nach Hause, in das wunderbare Meer …

Josefin

2 Unterstreiche im Text von 1 Wörter, die du nicht kennst.
Kläre sie mit einem Partnerkind.

3 Male ein kleines Bild von einem Wal.

4 Schreibe eine kleine Geschichte über den Wal, den du gemalt hast.

Mein kleiner Wal heißt

Er lebt

5 Zeigt euch eure Bilder. Lest eure Geschichten vor.

1 Lies das Gedicht.

Tief im dunklen Meer ☐

Allein taucht der Riesenwal ☐

findet den Kraken ☐

Info über Haikus

Haikus stammen aus Japan.
Es sind die kürzesten Gedichte der Welt.

Der Bauplan eines Haikus ist immer gleich:

1. Zeile: 5 Silben
2. Zeile: 7 Silben
3. Zeile: 5 Silben

2 Zeichne Silbenbögen unter das Haiku in 1 ein.
Notiere rechts die Anzahl der Silben.

3 Male ein Bild zum Haiku.

4 Schreibe das Haiku weiter.
Prüfe die Anzahl der Silben
mit Silbenbögen.

Ein kleiner Wal schwimmt | 5

| 7

| 5

5 Schreibe ein oder zwei eigene Haikus über Wale.
Du kannst dir einen Anfang aussuchen oder ihn selbst erfinden.

Der Killerwal jagt | Weit draußen im Meer | Delfine spingen

6 Prüfe die Anzahl der Silben in deinen Haikus mit Silbenbögen.

1 Betrachtet das Plakat.
Tauscht euch dazu aus.

Hundertwasser: 777C SAVE THE WHALES, Original-Poster, 1982

Der Künstler
Friedensreich Hundertwasser
gestaltete dieses Plakat
SAVE THE WHALES
im Jahr 1982.

„Das Paradies ist ja da, wir machen es nur kaputt."
Friedensreich Hundertwasser

2 Überlegt, was dem Künstler wichtig war.

3 Gestaltet ein Plakat mit eurer Wal-Botschaft.

4 Trage deine Gedanken über das Projekt ein.

Mir hat viel Spaß gemacht

Das möchte ich mir merken

Gut gelungen ist uns

Das möchte ich noch zum Projekt sagen

5 Setzt euch zusammen und tauscht euch dazu aus.

Einsterns Schwester 3
leicht gemacht

Projektheft
Wale

Herausgegeben von: Roland Bauer, Jutta Maurach

Erarbeitet von: Annette Schumpp

Redaktion: Martina Schramm, Sabine Gerber

Illustration: Yo Rühmer, Frankfurt am Main
Gabriele Heinisch, Berlin (S. 11, 22/23, 24, 26)

Umschlaggestaltung: Cornelia Gründer, agentur corngreen, Leipzig

Layout und technische Umsetzung: lernsatz.de

www.cornelsen.de

Aus didaktischen Gründen wurden Texte gekürzt/bearbeitet.

1. Auflage, 2. Druck 2020

Alle Drucke dieser Auflage sind inhaltlich unverändert und können im Unterricht nebeneinander verwendet werden.

Druck: AZ Druck und Datentechnik GmbH, Kempten

ISBN 978-3-06-084377-0
ISBN 978-3-06-084378-7 (E-Book des Pakets „Einsterns Schwester 3 leicht gemacht“)

Dieses Heft ist Bestandteil des Pakets „Einsterns Schwester 3 leicht gemacht“ (ISBN 978-3-06-084372-5) und kann auch einzeln bestellt werden.

PEFC
PEFC/04-31-2260

PEFC zertifiziert
Dieses Produkt stammt aus nachhaltig bewirtschafteten Wäldern und kontrollierten Quellen.

www.pefc.de